Tenez, mon ami, voilà pour le paiement de votre dette.

MODÈLE DE CHARITÉ

OU

VIE DE Mme DE MÉJANÈS

PAR L'AUTEUR DE Mme SETON

QUATRIÈME ÉDITION

LIBRAIRIE DE L. LEFORT

IMPRIMEUR, ÉDITEUR

LILLE
rue Charles de Muyssart
PRÈS L'ÉGLISE N.-DAME

PARIS
rue des Saints-Pères, 30
J. MOLLIE, LIBRAIRE-GÉRANT

1866

PRÉFACE

Les vies des justes sont l'édification des fidèles, la gloire de la patrie et la joie de l'Eglise. A ce triple point de vue, on ne saurait employer trop de moyens pour propager leur histoire. Celle de Mme de Méjanès a été publiée à Metz par Mgr Chalandon avant son élévation à l'épiscopat. Le vénérable auteur a joint à cette histoire des notices sur les premières compagnes de la fondatrice de l'ordre de Sainte-Chrétienne. Son livre est un trésor dans lequel les religieuses de cette congrégation puisent les sentiments et les exemples les plus propres à les pénétrer de l'esprit de leur vocation. Des lettres, des documents pleins d'intérêt ajoutent encore à la valeur de l'ouvrage.

Quant à cette courte biographie, elle a été conçue dans des proportions très-modestes. Elle est destinée aux personnes qui n'ont ni le temps ni la faculté de recourir à une histoire plus détaillée. C'est un dédommagement offert à ceux qui ne peuvent pas se procurer la belle Vie écrite par Mgr Chalandon ; c'est aussi une pressante invitation de la lire, adressée à ceux qui n'en connaissent pas encore l'existence. S'ils veulent bien entreprendre cette étude, ils y trouveront à la fois un vif attrait pour l'esprit et un grand profit pour le cœur.

MODÈLE DE CHARITÉ

————————— ❖ —————————

I

Enfance, éducation, mariage de Mme de Méjanès

Lorsque nous rencontrons sur notre chemin une institution populaire destinée à secourir, à consoler les pauvres en les améliorant, ou à faire descendre dans le cœur de leurs enfants les trésors de l'éducation chrétienne, nous pouvons dire, sans crainte de nous tromper : « Cette institution a été fondée par une âme d'élite, inspirée de Dieu, digne de notre reconnaissance et de notre vénération. » L'ordre de Sainte-Chrétienne en Lorraine vérifie complétement notre assertion ; aussi est-ce avec une respectueuse

gratitude qu'il convient d'étudier l'histoire de sa
sainte fondatrice.

Anne-Victoire Tailleur est née le 11 mai 1762,
au château de Distroff (Moselle). Elle perdit au
berceau sa pieuse mère. Son père était officier
admodiateur de M. de Juvigny, seigneur de
Distroff et de Metzerwisse. Issu de l'une de ces
estimables familles qui se transmettaient de génération en génération, comme la meilleure part
de l'héritage, leurs traditions de probité et de foi,
il avait ajouté à la considération dont elle était
entourée, par des services rendus à sa commune
et par la pratique constante des vertus chrétiennes.
Resté veuf avec seize enfants, il sut par sa vigilante sollicitude attirer sur eux les bénédictions du
Seigneur.

De tous les enfants de M. Tailleur, Victoire
fut la plus affectueuse, la plus prévenante, la
plus tendre pour son père. De bonne heure il
avait offert à Dieu l'esprit et le cœur de cette fille
chérie ; à peine savait-elle parler, que déjà il lui
avait appris à prononcer les noms de Jésus et de
Marie ; il l'avait habituée à réciter de petites
prières, à les dire avec attention, et à vouloir
plaire à Dieu dans toutes ses actions. Il avait semé
dans une terre fertile ; il ne tarda pas à recueillir
les fruits de ses premiers labeurs. Dès son plus
jeune âge, Victoire était une charmante enfant,
vive, gaie, spirituelle ; et à travers la légèreté
naturelle à l'enfance, on pouvait déjà discerner sa

piété filiale et son amour pour les pauvres. Elle était caressante pour M. Tailleur, courait à sa rencontre dès qu'elle l'apercevait, et lui offrait chaque matin un bouquet cueilli de sa main. A mesure que son intelligence se développait, on la voyait éviter avec plus de soin tout ce qui pouvait déplaire à son père, et aller avec plus de zèle au-devant de ses moindres désirs.

Après quelques années de veuvage, M. Tailleur, craignant de ne pouvoir parvenir seul à bien élever ses nombreux enfants, voulut leur donner une belle-mère. Il épousa en deuxièmes noces une veuve qui sut toujours remplir chrétiennement ses devoirs envers la nouvelle famille adoptive ; mais ses manières froides et sévères n'offrirent jamais aucun attrait aux jeunes orphelins dont elle devait diriger les premières années. Heureusement, elle eut la bonne pensée d'amener avec elle, dans la maison de son mari, une nièce destinée à devenir pour Victoire une précieuse ressource. En effet, Marie-Anne Muthelot, plus âgée que sa compagne, ne tarda pas à être sa confidente, son amie, et à exercer sur elle la plus salutaire influence. Naturellement impatiente, Victoire cédait parfois aux saillies de son caractère ; mais elle s'empressait de réparer sa faute, demandait pardon, et recherchait ensuite les occasions de manifester son repentir. C'était pour elle une grande joie de secourir les pauvres. Désireux d'encourager son penchant à l'aumône, son père lui donnait de l'argent à la place de joujoux ; et la petite bourse de cette enfant se vidait uniquement pour les malheureux; encore ne suffisait-elle pas à sa générosité. Un jour, on la vit dérober une partie du repas destiné à la famille pour la porter à un mendiant. M. Tailleur, informé de ce charitable larcin, le reprocha doucement à sa fille, elle promit de ne plus recommencer ; mais il lui en coûta plus d'une fois, pour rester fidèle à cet engagement.

Victoire se plaisait à réunir les petites filles du village pour les exhorter à bien apprendre le catéchisme ; elle le leur faisait réciter, et distribuait ensuite des bonbons ou des fruits. Enfin, de temps en temps, elle manifestait déjà son attrait pour la vie religieuse ; accompagnée de l'une de ses sœurs appelée Madeleine, elle se dirigeait vers un petit ermitage, situé à quelque distance de la maison paternelle ; là elles récitaient ensemble de ferventes prières, et s'excitaient mutuellement à l'esprit de renoncement et de mortification. Ainsi s'écoulèrent dans les joies de la famille, dans l'exercice précoce du dévouement, dans la pratique constante d'une obéissance pleine de tendresse pour son père et de déférence pour sa belle-mère, les dix premières années de la vie de Victoire Tailleur.

A dix ans, Victoire envoyée à Metz, fut confiée à l'institution dirigée par les Filles de la Propagation de la foi [1]. Dès son arrivée, elle sut se

---

[1] L'ordre des Filles de la Propagation avait été fondé à Metz pour offrir un asile aux jeunes filles protestantes, récemment

concilier l'amitié de toutes ses compagnes. Douce , active , complaisante , elle animait les jeux, calmait les petites querelles , ménageait les réconciliations , se montrait occupée des autres , oublieuse d'elle-même ; et , en s'oubliant , elle trouvait la paix et la joie. Les religieuses distinguèrent bien vite son assiduité au travail , son aptitude aux ouvrages manuels, son ardeur pour les études intellectuelles , son application à suivre la règle de la maison, son zèle à se corriger de ses petits défauts ; elles ne tardèrent pas à la citer comme un modèle aux autres pensionnaires. Cette distinction si méritée ne lui inspira aucune pensée de vanité , ne suscita aucun sentiment de jalousie. On l'aimait trop pour ne pas applaudir quand on lui rendait justice.

Deux ans après sa première communion, elle revint à Distroff, y rapportant un vif désir de travailler à la gloire de Dieu et de le recevoir souvent dans la divine Eucharistie. Elle s'empressa de s'associer aux pieux usages de sa famille , habituée à se réunir chaque jour pour faire la prière et entendre une lecture chrétienne. Elle fut heureuse de retrouver Marie-Anne à Distroff, et l'initia très-intimement à ses pensées , à ses désirs, à ses bonnes œuvres. M. Tailleur donnait toute l'année une grande quantité de blé aux indigents ; chaque semaine, il leur ménageait une abondante

converties à la foi chrétienne. Son règlement avait été rédigé par Bossuet, alors chanoine et archidiacre de Metz.

distribution de pain ; chaque jour, il leur réservait une part dans tous les repas de la famille. Il chargea Victoire de faire ces charitables distributions ; elle accepta cette mission avec joie , ne manqua pas d'ajouter aux aumônes de son père ses aumônes personnelles , fruits de ses privations , et devint bientôt l'ange de charité de son village. L'instruction des enfants , l'assistance des malades étaient ses œuvres de prédilection ; il y avait dans sa charité, des attentions, des recherches, des délicatesses faites pour toucher les cœurs les plus endurcis ; aussi commençait-elle à prendre sur les cœurs cet ascendant devenu plus tard si puissant pour les ramener à Dieu !

Parmi ses protégées se trouvait une femme paralysée, incapable de se servir elle-même , obligée d'attendre le milieu et quelquefois la fin de la journée pour obtenir la nourriture et les soins dont elle avait besoin. Dès que Victoire l'eut découverte, elle la visita très-exactement : le matin elle faisait son lit, nettoyait sa chambre , préparait ses boissons, et revenait dans la journée lui porter sa part dans les meilleurs aliments de la maison et lui rendre les plus pénibles services : la crainte d'être remarquée en se montrant si souvent dans le village , lui inspira l'idée de traverser des terres labourées pour aller chez la pauvre infirme; et ses visites multipliées ne tardèrent pas à frayer un sentier , révélateur indiscret de l'assiduité de son dévouement. Ce dévouement se prolongea jusqu'à la mort de la malade ; et quand Victoire vit arriver les dernières souffrances, elle redoubla de prières, afin d'obtenir leur soulagement et leur récompense.

Cependant l'activité remarquable dont elle était douée ne trouvait pas à se dépenser entièrement dans ces diverses œuvres de charité. Etrangère à la direction du ménage, dont sa belle-mère était exclusivement chargée, elle avait assez souvent des loisirs ; des ouvrages frivoles tombèrent sous sa main, elle n'eut pas le courage de résister à la tentation de les lire, et ces lectures produisirent sur son âme une regrettable impression : elles lui inspirèrent du dégoût pour la vie de la campagne, le désir de la toilette et l'envie d'être remarquée. Les observateurs superficiels n'auraient remarqué aucun changement dans sa conduite ; mais le Seigneur, dont le regard scrute les cœurs, voyait avec déplaisir le sien en proie à un commencement de tiédeur et à une sorte d'engourdissement spirituel. Plus tard et jusqu'à la fin de sa vie elle ne cessa de déplorer cette très-courte période qu'elle appelait *l'époque de ses égarements*. Elle en sortit bientôt, grâce à l'érection de la chapelle de Distroff en succursale, et à l'arrivée, dans la nouvelle paroisse, d'un prêtre plein d'onction, de lumière et de douceur. Victoire, touchée de la grâce, s'adresse avec confiance à son pasteur, fait une confession générale de toute sa vie, sort du tribunal de la pénitence avec de vifs sentiments de contrition, de fortes résolutions pour l'avenir, et retrouve dès lors une ferveur qui devait toujours s'accroître jusqu'à la fin de sa carrière. Or elle était à peine âgée de dix-neuf ans.

A partir de cette époque, elle s'interdit complétement les lectures seulement amusantes, et reporte toute son ardeur vers l'étude des livres de piété; elle suit un règlement de vie approuvé par son directeur; elle se montre plus assidue à la prière et à la méditation, plus recueillie à l'église, plus exacte à assister à tous les offices et à faire chaque jour une visite au très-saint Sacrement. Le désir de progresser dans la voie de la perfection domine toutes ses pensées, se manifeste dans toutes ses actions; il la porte à travailler avec un nouveau courage à la pratique de la pénitence, de l'humilité, et à prendre l'habitude de se déranger sans cesse, de sacrifier ses goûts pour faire plaisir, pour rendre service autour d'elle.

Victoire vivait dans la retraite; ses relations ne s'étendaient guère au delà du cercle de ses parents, de quelques amis, et des pauvres qu'elle aimait toujours davantage. Ne connaissant pas le monde, elle s'y croyait inconnue; mais le parfum de ses vertus avait révélé son existence; sa bonne réputation s'était répandue à Thionville et lui avait concilié tous les suffrages de la société. Dans cette ville, située à quelques lieues de Distroff, on parlait de Victoire comme d'une jeune personne accomplie, appelée à faire le bonheur du mari assez heureux pour obtenir sa main. Un officier

de la garnison entendit cet éloge; c'était M. Alexis
de Méjanès, lieutenant, plus tard capitaine au régiment de Hainaut et chevalier de Saint Louis.
Arrivé à un âge mûr, M. de Méjanès se faisait
remarquer par la distinction de ses manières et
la bonté de son cœur. Les qualités dont on trace
sous ses yeux le portrait le décident à demander
en mariage Mlle Tailleur. M. Tailleur, satisfait
d'ailleurs de renseignements puisés aux sources
les plus sûres, laisse à sa fille la responsabilité de
la réponse. Après plusieurs jours consacrés à
consulter Dieu dans la prière, Victoire donne son
consentement, et le mariage se célèbre avec pompe,
à Distroff, le 28 août 1786. Dans la nombreuse
assistance réunie à l'église pour conjurer le Seigneur de bénir cette nouvelle union, on voyait
avec émotion beaucoup de pauvres qui priaient en
pleurant; on comprend leur tristesse : ils allaient
perdre leur bienfaitrice et leur mère !

II

Vie et bonnes œuvres de Mme de Méjanès dans le monde.
Conversion, vertus et mort de son mari.

Peu de temps après son mariage, M. de Méjanès
profita d'un congé de plusieurs mois pour conduire
sa jeune épouse dans le Rouergue. Mme de Méjanès
ne tarda pas à gagner l'affection de ses nouveaux
parents par son affabilité et son attention à dire à
chacun quelque chose d'aimable.

Du Rouergue, Mme ce Méjanès se rendit à Mont-
médy; c'était la résidence assignée au régiment de
son mari. Elle dut commencer là son apprentissage
de maîtresse de maison ; et tout d'abord elle sut
en remplir les devoirs avec tact et intelligence.
Elle surveillait les détails du ménage et avait soin
de procurer à M. de Méjanès ce qu'il pouvait désirer, dirigeait tout avec une sage économie, et
recevait chez elle avec cordialité. La société de cette
ville, conserva longtemps après son départ, le souvenir et le regret de l'agrément de son esprit, de la

sûreté et de la douceur de son commerce. A Mont-
médy comme partout où elle portait ses pas, elle
s'occupait des pauvres, leur distribuait elle-même
ses aumônes, les visitait dans leurs demeures, leur
conseillait l'ordre, la propreté dans leur ménage,
les invitait à remercier Dieu de les avoir assistés,
cherchait à ranimer leur foi, et les exhortait à
goûter les incomparables consolations de la prière
et de la fréquentation des sacrements.

Après un séjour de deux ans, le régiment de
Hainaut reçut l'ordre de partir et de retourner à
Thionville. La Providence ramenait Mme de Méjanès
près de son vieux père, pour ménager aux derniers
jours de ce respectable vieillard les soins de sa tendresse filiale. M. Tailleur répondit à l'appel de son
gendre et aux prières de sa fille; il quitta Distroff,
se retira chez ses enfants, fut heureux de leur
bonheur mutuel, et termina, en fervent chrétien,
une longue carrière consacrée à l'accomplissement
des devoirs de famille et de sa religion.

Peu de temps après cette perte si douloureuse
pour le cœur de Mme de Méjanès, la garnison de
Metz fut assignée à son mari. Au lieu de choisir un
logement dans la ville, ils se décidèrent à acheter
à une distance de deux lieues, au village d'Argancy, sur les bords de la Moselle, une belle
maison, destinée à devenir le berceau de la congrégation de Sainte-Chrétienne et le témoin de la
conversion de M. de Méjanès. Habitué à la vie des
camps, ce brave capitaine était plein de respect

pour la religion ; mais, depuis longtemps, il en avait abandonné les pratiques intimes et essentielles. Les prières, les bonnes œuvres de Mme de Méjanès, son amabilité, ses édifiants exemples avaient réveillé en lui les pensées de la foi ; la mort de son beau-père avait produit dans son esprit une triste mais salutaire impression ; les exhortations de sa belle sœur Madeleine achevèrent l'œuvre si désirée de son retour à Dieu. Sœur Madeleine était alors religieuse dans la maison de la Propagation de la foi. M. de Méjanès se sentait attiré vers cette belle âme comme par un attrait irrésistible. Il allait assez souvent la voir, et lui disait parfois : « Que vous êtes heureuse ! quelle bonne part vous avez choisie ! — Ah ! reprenait-elle, que je voudrais vous amener à la pratique des devoirs de la religion ! vous auriez alors cette tranquillité, cette paix que vous m'enviez. » Il ne répondait pas, mais il était déjà possible de reconnaître l'action de la grâce sur cette nature droite et loyale. Un jour, il était venu, suivant son habitude, visiter sa belle-sœur ; pendant qu'il cause avec elle, l'aumônier de la maison entre dans le parloir et prend part à la conversation. Il traite successivement avec M. de Méjanès différents sujets et fixe adroitement son attention sur les questions religieuses ; il expose avec simplicité, avec conviction les grandes vérités du salut ; l'entretien se prolonge, et se termine par la confession générale de M. de Méjanès. M. de Méjanès s'était agenouillé coupable ; il se relève innocent, le cœur rempli de foi, de repentir et d'amour.

C'était en 1791 ; l'horizon politique était alors couvert d'épais nuages, le temps des révolutions approchait ; on voulait modifier l'organisation de l'armée, et on annonçait le projet de détruire les anciens corps militaires pour former de nouveaux régiments. M. de Méjanès portait son uniforme depuis quarante ans ; ne voulant pas y renoncer, il demande sa retraite, et promet à Mme de Méjanès de la seconder à l'avenir dans les pratiques de la charité.

Mme de Méjanès, parvenue au comble de ses vœux, trouva dès lors dans son mari un auxiliaire actif et dévoué ; grâce à ce concours et aux ingénieuses industries de son zèle, elle dota successivement son heureuse paroisse des œuvres les mieux appropriées aux besoins de l'époque et du pays.

Ce fut d'abord une pharmacie des pauvres, tenue et dirigée par M. de Méjanès. Il visitait les malades, avait toujours soin de leur dire *quelques petits mots de Notre-Seigneur*, selon le conseil de saint Vincent de Paul, leur parlait avec bonté et parvenait à leur inspirer des sentiments chrétiens. Sous l'influence de sa charité, le calme succédait à l'agitation, la soumission remplaçait l'aigreur ; et cette amélioration de l'âme réagissait sur la santé. A l'armée, il excellait à soigner les blessés : il mit à profit sa vieille expérience, se procura les remèdes les plus efficaces pour la guérison des blessures, et

obtint les résultats les plus encourageants. Aussi
sa réputation médicale fut-elle bientôt faite et se
répandit-elle au loin. On venait à lui des villages
voisins ; il donnait alors le linge, la nourriture et
le logement. On vit quelquefois à Argancy jusqu'à
cent malades soignés par les deux époux.

Un certain nombre de jeunes filles du village
manquaient souvent de travail. Mme de Méjanès
voulut les dérober aux dangers, aux privations de
la misère, et les prémunir à la fois contre les toi-
lettes de la ville, le goût de la parure et les mille
piéges tendus à leur vanité pour faire succomber
leur innocence. Dans ce double but, elle institua
une filature de laine, organisée de manière à occuper utilement leurs loisirs, et à leur procurer une
étoffe commune mais chaude pour leurs vêtements.
Dans ces réunions, consacrées au travail manuel,
les besoins spirituels n'étaient pas oubliés. En dévi-
dant la laine, on récitait des prières, on chantait
des cantiques, on entendait de bonnes lectures, on
recevait des instructions appropriées à l'âge, au
sexe et à la condition. C'était le commencement et
comme le prélude de ces ouvroirs chrétiens, dirigés
par des religieuses de divers ordres, si répandus de
nos jours et si féconds en fruits de salut.

Les femmes et les filles de la paroisse travail-
laient ensemble pendant les longues soirées d'hiver.
Elles réalisaient ainsi une économie d'huile et de
bois ; mais trop souvent la légèreté des propos, le
scandale des anecdotes, les traits de la médisance

et de la calomnie offensaient Dieu et mesédifiaient le prochain. Mme de Méjanès résolut de remédier à ces déplorables abus en fondant les *veillées chrétiennes*. A sept heures du soir on se réunissait chez elle, on récitait l'*Angelus* et le chapelet ; après un silence d'une demi-heure, on se livrait sous sa direction à une innocente causerie ; à dix heures on lisait la vie du saint fêté le lendemain ; à onze heures et demie on récitait à haute voix la prière, et chacun se retirait en silence, après avoir entendu le sujet de méditation proposé pour le jour suivant.

Le dimanche, on se rendait de bonne heure chez Mme de Méjanès. Après la prière du matin et une courte méditation, on récitait une partie de l'office de la sainte Vierge. Au deuxième coup de la messe, on se retrouvait pour se préparer à la communion. Après les offices de l'après-midi, on se réunissait encore pour recevoir de bons avis et se livrer à d'agréables distractions. A six heures, avant de se séparer, on récitait le chapelet.

M. de Méjanès de son côté s'occupait des jeunes gens, présidait à leurs jeux, et distribuait de temps en temps d'attrayantes récompenses pour encourager l'exactitude et la docilité.

Enfin Marie-Anne Muthelot, associée aux premières œuvres de Mme de Méjanès, avait voulu venir continuer à Argancy le bien commencé à Distroff ; elle se chargea, pour sa part, de l'ouverture d'une école destinée à procurer aux jeunes filles le bonheur d'une éducation chrétienne.

Tant d'efforts intelligents portèrent leurs fruits ; la piété devint florissante dans cette paroisse privilégiée ; on s'aimait comme les chrétiens des premiers siècles ; on se soutenait, on s'exhortait au bien, et on offrait d'excellents modèles aux filles, aux épouses et aux mères.

Au milieu de ces différentes fondations, Mme de Méjanès ne négligeait pas l'assistance des pauvres à domicile. Privée d'enfants, elle se regardait comme une économe chargée par la Providence d'administrer sa fortune au profit des indigents. Elle se contentait de prélever le nécessaire pour les dépenses de son ménage ; quelquefois même ce nécessaire lui semblait le superflu : elle le partageait encore avec les malheureux ! Ses aumônes pénétraient partout où elles étaient nécessaires, et revêtaient la forme la plus propre au soulagement de chaque infortune.

Une famille autrefois dans l'aisance avait ressenti les atteintes de la misère ; mais elle employait à la cacher les soins que d'autres auraient mis à la faire connaître ; et il était difficile de secourir ces pauvres honteux sans s'exposer à les blesser. Mme de Méjanès va les voir à l'heure du souper, les trouve réunis autour d'un plat de pommes de terre cuites à l'eau. « Comme ces pommes de terres ont bonne mine, dit la charitable dame après quelques moments d'entretien, elles doivent être excellentes : je les aime beaucoup, permettez-moi donc d'en manger avec vous. » Elle en mange en effet, et le lendemain, sous prétexte de reconnaître une politesse reçue, elle envoyait d'abondantes provisions.

Une autre famille était tombée dans le dernier dénûment; elle se composait d'un père, d'une mère et de six enfants. Mme de Méjanès pénètre dans cet intérieur; son tact, ses ménagements désarment les défiances, ouvrent les cœurs, amènent les plus pénibles aveux. Le père éclate en sanglots, les enfants disent : « Nous n'avons plus de pain. » A ces mots, elle sort en toute hâte, et rapporte en courant un énorme pain avec une somme de trente-six francs; c'était tout l'argent qui lui restait. Quelques jours plus tard, elle habillait les enfants, les admettait à l'école gratuite, pourvoyait à leurs besoins, le travail revenait au ménage, et une famille entière était remise à flot.

La charité de Mme de Méjanès ne s'arrêtait devant aucun obstacle. Une femme s'était brûlé la jambe; la plaie était horrible; son odeur repoussante éloignait les dévouements ordinaires; Mme de Méjanès se charge de la panser plusieurs fois par jour, et pour rendre ses services plus agréables à la malade, elle a soin d'y ajouter de petits cadeaux propres à faire oublier la douleur.

Un ménage octogénaire, infirme, inspirait un insurmontable dégoût; personne ne voulait entrer dans son réduit infect. Mme de Méjanès y pénètre, dépouille les deux vieillards de leurs haillons pourris, les débarrasse de la vermine dont ils sont couverts, balaie la pauvre chaumière, renouvelle la paille du lit, procure aux deux vieillards les vêtements nécessaires, et ne veut partager avec personne la mission de les servir jusqu'à leur mort : ni l'ingratitude de l'un d'eux, ni sa mauvaise humeur, ni ses plaintes continuelles, ni ses reproches incessants ne parviennent à ralentir le zèle de Mme de Méjanès.

Personne n'échappait à son action charitable : elle avait reçu le don de toucher les âmes, d'y éveiller les remords salutaires, d'y ranimer la foi, de décider à bien vivre et d'aider à bien mourir. Elle se faisait toute à tous, suivant la parole de saint Paul, pour gagner tout le monde à Jésus-Christ. Elle rappelait aux jeunes gens les vertus de leurs pères et les exhortait à les imiter ; elle montrait aux vieillards la fragilité de la vie présente et la nécessité de sanctifier les derniers jours de leur passage en ce monde. Son ardente piété se trahissait surtout par une vive émotion quand il s'agissait de disposer à la communion les enfants ou les personnes éloignées depuis longtemps de la pratique des sacrements. Rien ne lui coûtait alors pour préparer à Notre-Seigneur un temple moins indigne de sa divine présence. Elle multipliait les conseils, les instructions, veillait à la bonne tenue extérieure, lavait elle-même la figure, la tête, les pieds, les mains, et accompagnait à la sainte table ceux dont elle avait si bien préparé l'enfantement spirituel à la grâce.

La commune d'Argancy répondait par l'attache-

ment, par la reconnaissance , aux bienfaits des charitables époux. A cette époque néfaste de nos
annales, où la vertu fut si souvent un crime puni
de l'échafaud , leurs bonnes œuvres semblaient les
entourer comme d'un impénétrable rempart. Cependant, au milieu de ce concert de louanges, une
voix discordante se fait entendre : c'est celle d'un
habitant gagné aux idées révolutionnaires par le
mauvais état de ses propres affaires. Il désirait la
ruine de ses voisins pour réparer la sienne, et il
s'attaque tout d'abord à la maison la plus impor-
tante de la commune. Il fait circuler contre elle les
propos les plus hostiles. Il parle de brûler cette
maison et de pendre les propriétaires à la lanterne.
Mme de Méjanès le mande chez elle; et sans faire
aucune allusion à ses discours, elle lui dit avec
bonté : « Mon ami, vous êtes gêné, je le sais, et je
veux vous demander si je ne pourrais pas vous
rendre quelque service ?

Dans son étonnement il hésitait à répondre :
« Allons, ajoute-t-elle, ayez confiance, et
indiquez-moi ce dont vous auriez besoin. » La
douceur de la voix et l'extrême bienveillance dont
elle était l'expression rassure, touche l'interlocu-
teur ; il fait alors connaître les poursuites dont il
est menacé pour n'avoir pas satisfait à une obli-
gation de trois cents francs. Mme de Méjanès va
chercher cette somme, et la lui donne en disant :
« Tenez, mon ami, voilà pour le paiement de
votre dette ; mais, croyez-moi, il ne faut pas parler

comme vous le faites de ceux qui ne vous ont jamais voulu de mal; » A ces mots, cet homme tombe à genoux, fond en larmes, et promet de se conduire à l'avenir de manière à être agréable à sa bienfaitrice. « Mon ami, reprend Mme de Méjanès, ce que je désire, c'est que vous vous occupiez du salut de votre âme. » Puis, pour faciliter son retour, elle lui procure du travail, lui apprend elle-même les vérités du salut, ouvre son cœur aux influences religieuses, et l'amène à réparer les scandales de sa vie passée.

La révolution poursuivait sa carrière avec son triste cortége de spoliations, de ruines et de massacres; elle avait demandé à M. de Méjanès un serment réprouvé par sa conscience, et avait envoyé à Argancy un prêtre assermenté; les pieux époux s'étaient abstenus de tout commerce avec ce nouveau curé; quant au serment, le vieux capitaine l'avait refusé, et s'était vu frustré de la pension de retraite due par la patrie à ses longs services. Mais cette diminution sensible de revenus médiocres n'avait pas empêché la continuation des bonnes œuvres; on avait successivement vendu, pour les soutenir, une partie notable du mobilier. La maison de Mme de Méjanès était devenue le refuge des ecclésiastiques restés fidèles. On attendait les ténèbres de la nuit pour y célébrer les saints mystères, entendre les confessions et distribuer l'adorable Eucharistie. Avec les dangers des catacombes, cette maison bénie en voyait renaître la foi et la ferveur.

En l'absence de prêtre, Mme de Méjanès allait dans le village exhorter les mourants, réunissait encore les fidèles pour réciter des prières, faire de bonnes lectures, et entretenir dans leurs âmes le feu sacré de la dévotion. Pendant un certain temps, personne ne dévoila le secret de ces pieuses assemblées; mais l'autorité municipale, les ayant découvertes, n'osa pas garder le silence, dans la crainte de se compromettre près du comité révolutionnaire; le maire eut donc la faiblesse de prévenir les commissaires du district. Des agents arrivent un dimanche, et pénètrent dans la maison au moment où M. de Méjanès lisait à haute voix les prières de la messe; ils fouillent partout, découvrent les ornements, les vases sacrés, dressent procès-verbal, et obtiennent du tribunal une double condamnation : six mois de prison pour M. de Méjanès, et huit jours pour sa compagne.

La nouvelle de cette sentence inique répandit à Argancy le deuil et la consternation : on n'osait pas manifester publiquement son chagrin et son indignation; mais on gémissait en secret du malheur des temps, on conjurait le Seigneur d'en abréger la durée et de rendre bientôt au village ses plus chauds protecteurs et ses meilleurs appuis. Les deux époux furent enfermés à Metz avec les criminels et les femmes de mauvaise vie, ils supportèrent cette humiliation avec un calme et une sérénité inaltérables. Un ami de M. de Méjanès était venu le voir dans sa prison et lui témoignait sa sympathie : « Ne me plaignez pas , répond le généreux chrétien en montrant son crucifix, réjouissez-vous au contraire de ce que je suis jugé digne de souffrir un peu pour Celui qui a tant souffert pour nous [1].» On a conservé des prières composées par M. de Méjanès pendant sa captivité ; elles attestent la vivacité de sa foi , de son courage et de son humilité. Nous ne résistons pas au désir d'en citer quelques extraits.

« .... Seigneur, je ne suis pas encore capable de supporter une grande croix : aussi votre miséricorde n'a-t-elle fait que me retrancher des jouissances. Mais enfin , quelque peu de chose que ce soit, c'est assez que cela me vienne de vous pour m'être précieux... Sachant que vous n'avez point établi la pénitence pour vos serviteurs qui ne vous ont pas offensé, mais pour les misérables pécheurs comme moi, je vous offre et vous prie de recevoir comme satisfactoires, en union avec les mérites de Jésus-Christ, mon emprisonnement et toutes ses suites. Je renonce de bon cœur à toutes les commodités et à toutes les récréations dont je suis privé. Si , après m'avoir rendu faciles à supporter les premiers moments de ma prison , vous jugez à propos de me livrer à l'ennui et à la tristesse pour les derniers, la seule grâce que je vous demande, ô mon Dieu , c'est que je sente la peine de cet état aussi long-temps qu'il vous plaira de le faire durer, mais sans

---

[1] Ces paroles et les extraits des prières de M. de Méjanès sont textuellement empruntées à la Vie de Mme de Méjanès par Mgr Chalandon.

renoncer aux motifs et aux vues de la foi. »

Une admirable prière pour ses ennemis implorait en leur faveur les bénédictions du Ciel, et se terminait ainsi : « Non seulement je leur pardonne, ô mon Dieu, mais je les aime ; je veux leur donner une place toute particulière dans mon cœur, comme à des frères malades qui ont besoin de compassion, et qui, sans le savoir m'ont rendu service, en devenant les instruments de votre providence sur moi. Je veux pouvoir dire avec saint François de Sales, que lorsqu'ils m'arracheraient un œil, de l'autre je le regarderais avec plaisir.

Les âmes sérieusement occupées de leur salut se servent des épreuves comme de marche-pied pour s'élever vers la perfection : tel fut le saint usage que les deux époux surent faire de leur emprisonnement. Rendus à la liberté, ils se rappelèrent et mirent en pratique les salutaires inspirations de la captivité. Dès leur retour à Argancy, leur première démarche fut une visite à leur dénonciateur. Ils allèrent l'un et l'autre trouver le maire, lui portèrent le témoignage de leur dévouement, et, pour lui prouver le complet oubli du passé, ils lui offrirent un panier de bouteilles de vin. Cet exemple ne fut perdu pour personne ; il toucha le cœur du coupable, détermina l'amélioration de sa conduite, et devint le commencement de son retour à des sentiments religieux.

M. et Mme de Méjanès se hâtèrent de recommencer leurs bonnes œuvres ; ils ouvrirent une école pour les deux sexes : Marie-Anne Muthelot resta chargée des filles ; M. de Méjanès entreprit l'éducation des garçons. Plaire au Seigneur dans toutes leurs actions, modifier sans cesse leurs goûts, leur humeur et leurs volontés, tel est le but constant de leurs efforts ; ils communiquent leurs pensées à quelques personnes dignes de les comprendre et assez courageuses pour vouloir les appliquer, ils parviennent ainsi à former une sorte de petite communauté sous la paternelle direction d'un prêtre vénérable. Un règlement est adopté : M. de Méjanès s'y conforme avec la docilité d'un enfant ; il reproche seulement à la nouvelle règle de n'être pas assez austère, et on est obligé de modérer les pieuses exagérations de sa ferveur. — Quelques années s'écoulèrent ainsi dans la pratique sévère de la mortification ; puis M. de Méjanès sentit s'approcher le moment du départ pour une vie meilleure. Quatre mois de souffrances les plus aiguës achevèrent de purifier sa belle âme ; sa patience demeura inaltérable. Il s'entretenait sans cesse avec Dieu dans la prière, dans la douce contemplation des vérités éternelles : quand il parlait à son entourage, c'était pour louer les miséricordes infinies du Seigneur ; complétement détaché de la terre, il ne se permettait plus d'autre consolation. Il habitait déjà le ciel par ses pensées, par ses désirs, par la possession de la grâce, et quand Dieu l'eût appelé à lui (7 mai 1801), sa mort fut considérée comme une *calamité publique.*

III

Fondation de la congrégation de Sainte-Chrétienne

Une ère nouvelle commence dans la vie de
Mme de Méjanès à la mort de son mari. Jusqu'à cette
époque, elle s'était partagée entre les relations de
la société, les devoirs de la famille et les œuvres
de la charité ; elle avait montré au monde tout
ce que la religion donne de vertus et de charmes
à la fille et à la femme chrétienne. Libre désormais
de tout lien, elle se voua plus que jamais à la
poursuite d'un but unique, la gloire de Dieu et
l'extension de son règne. La générosité de sa résolution lui mérita l'insigne privilége d'élever dans
l'Eglise un monument durable, et de fonder une
source intarissable de bonnes œuvres, appelée à
multiplier et à perpétuer son dévouement.

Elle ne se contente pas de pratiquer fidèlement
les vœux de chasteté, d'obéissance et de pauvreté ;
elle s'efforce d'imiter les saints dans leurs actions
les plus parfaites, et entreprend un pèlerinage en

mendiant ; elle veut rompre avec les dernières inspirations de l'orgueil et boire à longs traits à la
coupe des humiliations. Ce bénéfice spirituel, si
courageusement ambitionné, lui fut largement
accordée. Vêtue en pauvre paysanne, elle partit
de grand matin avec une pieuse fille, pour aller
prier, dans une chapelle située près de Saint-Avold,
Après une longue journée de marche, elle arriva
bien fatiguée, le soir, à une ferme isolée ; et,
dès ce premier gîte, elle eut à recueillir une ample
moisson de rebuts et de mépris; elle sut les accepter en les bénissant... On finit par lui apporter un
peu de nourriture sur les marches de l'escalier, et
lui permettre de passer la nuit dans un grenier à
foin. Plusieurs fois, dans le cours de ce petit
voyage, pour obtenir un asile et du pain, elle dut
travailler avec sa compagne et rendre dans l'intérieur des ménages les plus pénibles services.
Mais ces apparentes disgrâces étaient au fond de
sérieuses victoires. En triomphant des répugnances
de la nature, elle se pénétrait davantage du véritable esprit de détachement, et se préparait à
diriger sa communauté : en s'humiliant elle acquérait la gloire de fonder un ordre populaire et
de conquérir bien des âmes à Notre-Seigneur Jésus-
Christ.

Il y avait déjà plusieurs bonnes volontés réunies
autour d'elle ; elle voulut proposer un but à leurs
efforts, un aliment à leur activité. Son choix ne
fut pas difficile. Au sortir de la tourmente révo-

lutionnaire, on demandait partout et on cherchait
en vain des institutrices pour les enfants pauvres.
Pénétrée de l'importance de l'éducation et de son
influence sur le salut, elle résolut de former de
bonnes maîtresses pour les écoles rurales. Pour
bien diriger ses compagnes dans cette carrière
nouvellement ouverte à leur zèle, elle eut recours
à la prière, à l'expérience des prêtres vénérables,
et spécialement à celle de M. l'abbé Noye, l'un
des fondateurs des sœurs de la Providence, plus
tard missionnaire apostolique en Chine.

Des notes retrouvées après la mort de Mme de
Méjanès révèlent l'esprit de la congrégation naissante et permettent de se former une idée de son
premier règlement. Ce règlement détermine d'a-
bord l'emploi de chaque journée; elle est partagée
entre les exercices de piété, le travail et le repos
nécessaire. — Le lever matinal, la vigilance chré-
tiennent augmentent le nombre des heures en les
utilisant.

La maison est consacrée au saint Enfant Jésus;
elle honorera d'un culte particulier le mystère de
la première jeunesse de Notre-Seigneur.

Les sœurs porteront un nom de religion, comme
signe de leur consécration à Dieu.

On aimera la règle et on obéira avec empressement à la supérieure chargée d'en surveiller l'application. La joie du cœur et la simplicité de l'esprit
aideront à l'obéissance. Obéir c'est avancer dans la
vertu, plaire à Dieu et acquérir les biens éternels.

Le zèle présidera au lever ; on se lèvera vite, à l'exemple du jeune Samuël, si prompt à répondre à la voix de Dieu.

On évitera dans la prière la contention d'esprit, le front ridé, l'application pénible ; on s'efforcera d'ouvrir son âme et de dilater son cœur.

La prière récitée avant les repas attire sur les aliments la bénédiction du Seigneur. On se le rappellera, et on pensera aux apôtres, plus heureux de manger avec le Sauveur quelques épis que de s'asseoir avec les riches de la terre aux plus brillants festins. A chaque repas, on aura soin de pratiquer la mortification, au moins en quelque chose de léger, et on prendra sa nourriture avec une douce gaîté.

On travaillera le mieux possible, en expiation de ses fautes, et on unira ses travaux à ceux de Jésus, de Marie et de Joseph dans la petite maison de Nazareth.

On fuira le désœuvrement et on élèvera son cœur vers Dieu au moins une fois par heure.

On gardera volontiers le silence, on évitera les paroles contraires aux vertus chrétiennes : dans ce but, on tâchera de détourner adroitement les conversations peu édifiantes.

On aimera à rendre service, non pour s'attirer de vaines louanges, mais pour être agréable au Seigneur. On se consolera de l'ingratitude, de la grossièreté des obligés, en pensant à la bonté infinie du divin Rémunérateur.

Chaque dimanche, on méditera sur la nécessité de l'union qui doit régner dans la communauté. Les sœurs s'efforceront de n'avoir qu'un cœur et qu'une âme, de se fondre pour ainsi dire les unes dans les autres par l'estime, la confiance et l'amour.

Ces prétextes respirent une douce piété ; donnés par une mère à des enfants, ils étaient éminemment propres à fortifier et à soutenir leur vocation naissante. En les inspirant à Mme de Méjanès, le Seigneur daignait bénir la fondation à son début ; il ne tarda pas à multiplier en sa faveur les témoignages de sa miséricordieuse protection. Ainsi, dès l'année 1802, à la réorganisation du diocèse de Metz, la Providence appelle à la cure d'Argancy un confesseur de la foi, un membre de la Compagnie de Jésus, le R. P. Fydry. A peine ce saint prêtre connaît-il la petite communauté, que déjà il l'aime, la dirige et se dévoue à son développement. Encouragée par son suffrage, soutenue par sa recommandation, Mme de Méjanès sollicite et obtient la faveur d'une chapelle dans l'intérieur de la maison avec permission d'y conserver le très-saint Sacrement ; en reconnaissance de ce privilége, elle s'engage à continuer gratuitement l'école pour toutes les jeunes filles de la paroisse. Toutefois cette maison est considérée seulement comme une réunion laïque de personnes pieuses. Le gouvernement craignait le retour des couvents, et on ne voulait rien de semblable à Argancy. Le vêtement

de couleur foncé avait les formes de l'époque;
les noms de religion ne se donnaient pas au dehors,
le son de la cloche n'annonçait pas les exercices;
en un mot, à l'extérieur, on ne voyait que le dévouement aux pauvres et aux enfants; mais à
l'intérieur on remarquait déjà les habitudes et la
physionomie d'une maison religieuse. Dans le
silence et l'obscurité, les sœurs se préparaient aux
difficultés et aux exigences de leur mission.

Quelques années plus tard, monseigneur Jauffret vint prendre possession du siége épiscopal de
Metz (29 janvier 1807); en contemplant son
diocèse, son cœur d'apôtre eût à gémir de toutes
les ruines morales accumulées par la révolution.
Il cherchait en vain dans l'intérieur des familles
ces habitudes chrétiennes où elles puisaient autrefois l'union, la force et le bonheur: il s'occupait avec anxiété de la génération naissante, la
regardait comme l'espoir de l'avenir, et désirait,
pour l'élever chétiennement, le concours de con-
grégations religieuses. Il avait un vif désir de découvrir des personnes capables de seconder ses
desseins; une petite circonstance, indifférente en
apparence et cependant féconde en résultats, vint
lui révéler l'existence d'une précieuse auxiliaire.

Mme de Méjanès, ayant recueilli dans son jardin
des fruits exceptionnellement beaux, eut la pensée
d'en faire hommage à Monseigneur; elles les
arrangea dans un panier et les envoya au palais
épiscopal. Monseigneur était sorti. Un vicaire

général aperçoit une personne de la campagne ; il
l'interroge avec bienveillance ; il apprend par elle
la charité de Mme de Méjanès, ses œuvres, la vénération dont elle est entourée et l'intelligence
avec laquelle elle dirige sa petite communauté.
Cette conversation racontée à l'évêque lui donne
l'espoir de trouver dans cette pieuse femme une
personne appelée à réaliser ses projets, et il se fait
conduire à Argancy. Il cause longuement avec
M. le curé de la paroisse, interroge les associées,
parcourt la maison, la visite en détail, se fait rendre
compte de l'administration, découvre dans Mme de
Méjanès les qualités d'une fondatrice d'ordre, et
bientôt il lui propose de se mettre à la tête d'une
congrégation destinée à instruire les jeunes filles du
diocèse. Sous le titre de supérieure provisoire, elle
développera l'œuvre si heureusement commencée,
et s'appliquera surtout à ouvrir des écoles externes
pour les enfants pauvres et peu aisés. Les religieuses porteront le nom de *Sœurs de l'Enfance
de Jésus et de Marie*. Afin de la distinguer de plusieurs autres ordres déjà connus sous ce beau titre,
la congrégation sera placée aussi sous le patronage
de sainte Chrétienne, humble servante, contem-
poraine de Constantin, dont le plus éclatant mé-
rite fut de mettre à profit les rigueurs de la captivité pour répandre parmi les Ibériens les lumières
de l'Evangile.

Monseigneur, après avoir examiné la règle de la
maison, en approuva l'esprit, en confirma les dis-

positions les plus importantes, décida quelques lé-
gères-modifications ; et quand ce travail fut terminé,
Mme de Méjanès, préparée par une retraite de neuf
jours, vint au palais épiscopal (20 avril 1807)
avec Mlle Muthelot, sa plus ancienne, sa plus chère
compagne ; elle reçut des mains de Sa Grandeur les
statuts rédigés en douze articles, et prit l'engagement de consacrer le reste de ses jours à l'instruction des enfants et aux œuvres de miséricorde.
Cinq mois après cette première promesse, elle fut
admise à se dépouiller des livrées du siècle pour
revêtir le costume religieux ; enfin, quelques jours
plus tard (19 septembre 1807), une touchante cérémonie réunissait les sœurs dans la modeste chapelle d'Argancy, sous la présidence de leur évêque.
Le cœur du prélat surabondait de consolation et
d'espérance ; son exhortation communiqua promp-
tement la pieuse émotion qui l'avait inspirée. Neuf
sœurs, non compris la fondatrice, firent ou renou-
velèrent leur consécration et procédèrent à l'élection de leur supérieure général. Le dépouillement
du scrutin donna neuf voix à Mme de Méjanès. Monseigneur se hâta d'approuver cette élection una-
nime ; et le titre provisoire de la supérieure devint
ainsi définitif. La dignité lui semblait bien au-dessus
de ses mérites, le fardeau lui semblait dépasser la
mesure de ses forces ; toutefois elle se soumit en
silence, se jeta à genoux, reçut la bénédiction de
son évêque, et prit alors le nom de Sœur Sainte-
Chrétienne, toujours réservé, depuis cette époque,

à la supérieure générale de la congrégation. Toutes
les sœurs vinrent s'agenouiller devant elle, pro-
noncèrent entre ses mains leur acte d'obédience,
et, à dater de ce jour, Mme de Méjanès ne fut plus
connue que fut sous le nom de *Révérende Mère*.

Dans ces premiers temps de la fondation, la
communauté eut à supporter les rigueurs de la
pauvreté. Les novices arrivaient en grand nombre,
presque toutes se présentaient sans dot, et Mme de
Méjanès n'avait pas le courage de les refuser quand
elle leur reconnaissait les caractères d'une sérieuse
vocation. Les revenues de la maison se composaient
de ceux de Mme de Méjanès, et de ressources mi-
nimes apportées par quelques sœurs : ils étaient
tout à fait insuffisants : le chapitre des dépenses nécessaires auraient dû dépasser celui des recettes ; et
pour éviter les dettes, le dévouement, d'accord
avec l'esprit de modification, accepta dès privations
inconnues aux ordres les plus austères. Les sœurs
les plus anciennes avaient entendu M. de Méjanès
parler de son régiment et citer la gamelle dans
laquelle plusieurs soldats mangeaient ensemble.
Elles voulurent imiter ce côté économique de la vie
militaire, et fortes de l'agrément de la supérieure,
elles proposèrent ce régime à leurs jeunes compagnes. Personne ne fit de résistance ; on servit un
seul plat pour chaque repas ; toutes y puisaient en
même temps ; un seul verre servait à la communauté. Mgr Jauffret, informé de ces excès de zèle,
les trouva indiscrets et ordonna d'en modérer

l'ardeur. Mme de Méjanès n'avait pas attendu cette paternelle recommandation pour interdire du moins les austérités aux sœurs malades. Elle prodiguait dans les jours de maladie ses soins les plus tendres et ses attentions les plus délicates. Sa sollicitude ne se contentait pas de hâter la guérison, elle parvenait encore à augmenter la ferveur et l'attachement pour la congrégation.

Depuis l'extension donnée à la communauté, ses ressources matérielles pour le soulagement des pauvres habitants d'Argancy étaient notablement diminuées ; mais la supérieure s'ingéniait afin de continuer à leur prouver sa sympathie, et découvrait encore d'excellents moyens de les secourir. Ainsi, pendant l'été, elle accordait quelquefois des sœurs aux cultivateurs peu aisés, pour les aider à la rentrée des récoltes. Elles passaient alors toute la journée dans les champs, sous la conduite de la révérende mère, que l'on voyait le soir revenir au village avec une charge d'herbe sur la tête. Mme de Méjanès faisait envisager ces travaux comme une récompense ; on les désirait, en s'en réjouissait d'avance ; et, quand ils étaient terminés, on en parlait encore dans les récréations avec une joyeuse reconnaissance.

Malgré les souvenirs et les liens qui attachaient Mme de Méjanès à Argancy, le jour approchait où elle devait cesser de l'habiter. La maison était devenue trop petite, et Mgr Jauffret désirait l'établissement du noviciat à Metz. Il fallait donc tâcher de découvrir un local convenable ; cette recherche offrait plus d'une difficulté ; mais la Providence, toujours si propice à la congrégation de Sainte-Chrétienne, tenait en réserve un instrument propre à l'accomplissement de ce dessein. C'était une pieuse fille, maîtresse d'école avant la révolution, restée fervente pendant les plus mauvais jours et désireuse de consacrer sa vie au service de Dieu. Elle entend parler de la nouvelle communauté et forme le projet d'y entrer. Elle expose ce dessein à l'évêque en lui demandant de le bénir. Le prélat encourage sa bonne volonté, mais il lui refuse l'entrée immédiate du noviciat. La maison d'Argancy est pleine, et il faut attendre sa translation à Metz. En sortant du palais épiscopal, cette bonne personne se met à prier Dieu, à parcourir les rues, à lire les affiches des maisons à louer.

L'inutilité de ses premières démarches ne la décourage pas : elle intéresse à son entreprise par l'ardeur de son zèle. L'ancienne maison de la Doctrine chrétienne devient le prix de sa persévérance. Cette maison était située près de l'évêché ; avant la révolution, un chanoine de la cathédrale y avait fondée une école pour les jeunes filles pauvres de la ville ; elles y apprenaient à lire, à écrire, à coudre et à broder. Mais les institutrices avaient été dispersées par la tempête ; les bâtiments étaient devenus une propriété nationale, et l'Etat pouvait en disposer. Un jour, la charitable solliciteuse exprimait le chagrin de ne rien trouver pour le noviciat de Sainte-Chrétienne. Une famille, touchée de son dévouement, se mit à chercher avec elle ; elle lui révéla l'existence de cet établissement abandonné, et cette indication parut un trait de lumière à Mgr Jauffret. Vers cette époque, Mme de Méjanès était obligée de se rendre à Paris pour assister à une assemblée des religieuses de tous les ordres de France, convoquées par l'empereur. Guidée, appuyée par son évêque, elle sollicita et obtint, au profit de sa communauté, la cession des bâtiments de la Doctrine chrétienne, et un secours de dix mille francs pour les frais d'installation. Cette somme était insuffisante pour payer les réparations nécessaires ; cependant Mme de Méjanès était bien décidée à ne pas contracter de dettes ; son entente des affaires, son énergie et son active surveillance la mirent à même de rester fidèle à sa résolution. A peine de retour en Lorraine, elle vint avec le plus grand nombre de ses sœurs s'installer dans la nouvelle propriété de son ordre, pour surveiller les ouvriers. Elle dirigeait les travaux avec la plus stricte économie. Le soir, les journées finies et les portes fermées, les religieuses enlevaient-elles-mêmes les décombres, afin de diminuer les frais de main-d'œuvre en pratiquant la pauvreté. Les dépenses ainsi limitéée ne dépassèrent pas les ressources disponibles. Après de longs mois de préoccupations et de fatigues incessantes. Mme de Méjanès put installer dans la maison de Metz quarante professes et cinquante novices. C'était à la fin de

1808, et l'ordre ne comptait pas encore deux années d'existence! En 1812, vingt établissements étaient dirigés par cent religieuses professes ; c'étaient pour la plupart des écoles gratuites : il y avait aussi plusieurs hospices et quelques pensionnats.

Dans toutes les circonstances l'évêque était un père pour la nouvelle communauté. Pendant son absence, il recommandait aux sœurs de venir prendre leurs récréations dans le jardin de l'évêché et leur en donnait les fruits. Ses tournées diocésaines lui révélaient le déplorable état des écoles primaires ; en parcourant les villages, il constatait avec douleur leurs nombreux besoins spirituels, et regrettait vivement de ne pouvoir encore leur envoyer des sœurs pour l'éducation des enfants. Il parlait en chaire de l'ordre de Sainte-Chrétienne, son éloquence avait le secret de toucher les cœurs ; et, après ses chaleureuses exhortations, plusieurs jeunes filles, obéissant à un premier mouvement de ferveur, venaient trouver Mgr Jauffret et lui exprimaient le désir d'entrer en religion. Il les envoyait alors à Mme de Méjanès, sans instruction, sans dot, quelquefois aussi sans vocation. La bonne supérieure s'en plaignait doucement à l'évêque ; puis elle se reprochait ses observations, malgré l'esprit de respect et de soumission qui les avait dictées ; mais ces petites difficultés étaient moins des obstacles au bien que des occasions offertes à deux âmes d'élite de multiplier les actes de charité, de condescendance et d'humilité.

Chaque année ajoutait à la confiance que Monseigneur de Metz accordait à Mme de Méjanès. Il lui écrivait pendant les visites pastorales, pour calmer ses scrupules, éclairer ses doutes, et lui envoyer de bons conseils; il lui communiquait parfois ses craintes, ses espérances, ses projets, et lui transmettait ses remarques sur les écoles des villages. Il ne fut pas appelé hors de son diocèse tant que sa présence fut nécessaire pour assurer l'existence de la nouvelle congrégation : quand elle put se passer de son assistance permanente, il lui fut momentanément enlevé. Nommé aumônier de l'impératrice Marie-Louise, Mgr Jauffret fut obligé à d'assez longues absences. Désigné pour l'archevêché d'Aix, il fut sur le point de se voir séparé à jamais de ses chers diocésains; mais les difficultés suscitées au Saint-Père par le gouvernement ne permirent pas la réalisation de ce projet ; toutefois le prélat mit cette nomination à profit pour propager l'ordre de Sainte-Chrétienne; il envoya des sœurs dans le Midi, et concourut à leur établissement provisoire dans plusieurs villes du diocèse qui semblait devoir être confié à sa vigilante sollicitude.

Mme de Méjanès avait été élue supérieure générale pour cinq ans; en 1812, elle fut réélue pour la deuxième fois. En l'absence de Mgr Jauffret, l'un de ses vicaires-généraux présida la cérémonie, et remit à la révérende mère, la croix, l'anneau, le livre des statuts et réglement. La croix des sœurs

est en argent, celle de la supérieure est en vermeil;
l'or mêlé à l'argent lui rappelle l'éclat dont ses
vertus doivent briller pour l'édification de la communauté.

A cette époque, la campagne de Russie avait
multiplié le nombre des victimes; l'ennemi, le
froid et la faim semblaient s'être conjurés contre
l'armée française : ses nobles débris rentraient en
France et traversaient Metz. On voyait arriver quelquefois par jour, plusieurs centaines de blessés ; le
plus grand nombre, épuisé de souffrance, de fatigue et de besoins, était obligé de s'arrêter dans cette
ville; l'organisation de secours extraordinaires était
devenue indispensable. Les malades, entassés sur
les voitures, encombraient les rues ; la population
témoignait de mille manières sa compasion ; les
aumônes ne tarissaient pas ; mais il fallait mettre
de l'ordre dans les distributions et trouver des
mains assez exercées et assez charitables pour panser toutes les blessures. A Metz et dans toutes les
communes où se trouvaient des maisons de Sainte-
Chrétienne, Mme de Méjanès s'empressa d'assurer
le concours de ses sœurs au service des ambulances:
c'était une nouvelle carrière ouverte à leur dévouement; elles surent y acquérir de nouveaux mérites
devant Dieu et devant les hommes , et les bonnes
institutrices ne tardèrent pas à se montrer d'habiles
hospitalières. Elles distribuent les bouillons, ap-
pliquent les remèdes, transportent les blessés, les
débarrassent de la vermine dont ils sont couverts ,

renouvellent les bandages, proposent le ministère du prêtre dans les rares circonstances où il n'est pas réclamé, précèdent sa visite pour rappeler les principaux mystères de la foi, suggérer quelques prières, exciter à la contrition; partout elles font bénir leur patience et leur douceur.

Au milieu de l'encombrement des malades et des blessés, le typhus se déclare, et il exerce ses terribles ravages; les sœurs de Sainte-Chrétienne ne sont pas épargnées; vingt-deux d'entre elles sont atteintes; bientôt elles sont réduites à l'état le plus alarmant! Mme de Méjanès eut beaucoup à souffrir en cette pénible circonstance : ses filles étaient en danger, elle ressentait vivement leurs maux, et la consolation de les soigner directement elle-même lui était refusée! l'autorité ecclésiastique jugeait cette vie trop utile à sa congrégation pour lui permettre de s'exposer aux dangers de la contagion. Malgré ses prières et ses instances réitérées, il lui fut expressément défendu d'entrer à l'infirmerie. Elle se soumit avec larmes; mais elle allait souvent à la porte de la salle, voyait si chaque malade recevait les soins dont elle avait besoin, ranimait le courage, ménageait les forces des religieuses bien portantes, et se chargeait d'une partie de leur tâche pour leur éviter les excès de fatigues. Tant de précautions ne purent conserver tous ces enfants à leur mère. L'aumônier de la maison avait déjà succombé martyr de sa charité : quatre sœurs trouvèrent une mort glorieuse dans leurs pénibles labeurs, et allèrent prier dans le ciel pour la congrégation qu'elles avaient tant aimée sur la terre.

La Restauration rendit définitivement Mgr Jauffret à son diocèse de Metz. Il avait su s'y concilier le respect et l'attachement ; son retour fut un sujet de joie générale, mais personne n'en fut plus heureuse que Mme de Méjanès. Elle retrouvait avec le vénérable prélat les lumières et l'appui dont sa congrégation ressentait si vivement le bienfait.

A peine revenue dans sa ville épiscopale, l'évêque eut à déployer toutes les ressources de son active charité pour soulager les besoins exceptionnels et des souffrances presque générales. Les malheurs de la guerre, l'envahissement du territoire français par les armées ennemies et le dérangement des saisons en 1816 avait amené à leur suite le double fléau de la disette et de la misère. La Lorraine en ressentit les plus rudes atteintes. Ces calamités publiques ranimèrent la charité, produisirent au grand jour bien des vertus ignorées, et déterminèrent les plus méritoires sacrifices ; telles furent ceux de Mme de Méjanès. Elle dépouilla en quelque sorte sa communauté, partagea son pain, son linge, ses vêtements avec les malheureux, chargea des boulangers de nourrir à son compte des familles entières, et adressa une circulaire à toutes ses maisons pour les engager à diminuer leur nourriture afin d'augmenter la part des aumônes. Le cercle de la misère s'était notablement élargi ; une foule d'ouvriers habitués à vivre de leur travail étaient

obligés de tendre la main ; Mme de Méjanès leur
évitait cette humiliation : quand elle rencontrait
dans la rue une personne dont l'extérieur annonçait
la gêne, elle lui donnait sans rien dire une pièce
de monnaie, puis elle hâtait sa démarche pour
échapper à la reconnaissance.

Trop de services rendus au pays avaient déjà
signalé l'existence des religieuses de Sainte-Chrétienne pour ne pas provoquer de la part des auto-
rités publiques un témoignage de satisfaction et de
gratitude ; cette justice ne lui fut pas refusée. Le
comte de Turmel écrivit à la supérieure pour la
remercier avec effusion au nom de la ville de
Metz dont il était maire. Le conseil-général lui-
même se fit l'interprète du département, rendit
hommage au dévouement des sœurs, et vota en
leur faveur la cession de bâtiments et de jardins
autrefois occupés par les Carmélites, afin de con-
courir à l'agrandissement du noviciat rendu trop
étroit par le nombre des vocations.

A côté des encouragements, il y eut une place
pour les épreuves, c'est la consécration ordinaire
et comme le cachet des œuvres de Dieu : cette
bénédiction ne devait pas manquer à l'ordre fondé
par Mme de Méjanès. Parmi les obstacles suscités
à la communauté, il faut citer ceux qui lui vinrent
des Pays-Bas. Elle avait des établissements dans
l'ancien département des Forêts, récemment incor-
poré à ce royaume protestant sous le nom du duché
de Luxembourg ; ces nouveaux maîtres du pays

voulurent soustraire complétement les sœurs à l'obédience de la supérieure générale, et après une série de petites persécutions, elles durent renoncer à leurs maisons et revenir à Metz pour ne pas rompre les liens qui les unissaient les unes aux autres.

Des dangers plus sérieux menacèrent cette unité dans le diocèse de Reims. Plusieurs maisons de l'ordre avaient été fondées dans la partie de la circonscription détachée de celle de Metz depuis le nouveau concordat; de graves tentatives furent faites pour les séparer de la maison-mère. Un certain nombre de sœurs adhéraient à ce projet, l'autorité spirituelle elle-même fut à la veille de consommer cette scission; toutefois ce malheur fut épargné à la congrégation. Après une assez longue période d'inquiétudes et de craintes, elle reçut de Mgr Jauffret la promesse de ne pas modifier sa première organisation. Heureuse du résultat obtenu, Mme de Méjanès ne songea plus qu'à faire disparaître les dernières traces du refroidissement survenu entre la maison-mère et les sœurs favorables à la séparation. Elle les réunit, selon l'usage, pour la retraite annuelle, les accueillit avec bonté, et ne les distingua de leurs compagnes que pour les traiter avec plus de bienveillance et de charité.

Au milieu de toutes ces tristes préoccupations, la révérende Mère travaillait sans cesse à consolider et à étendre son œuvre. Dans ce but, elle sollicita du gouvernement les autorisations nécessaires pour faire à sa congrégation la donation authentique de tous ses immeubles. La haute intervention de l'évêque hâta la conclusion de cette affaire ; il était à Paris le jour où elle fut terminée par la signature du roi. Deux jours après (le 18 janvier 1822), Mgr Jauffret y mourait subitement, laissant dans la douleur ses diocésains et spécialement l'ordre religieux fondé sous sa paternelle influence. Cet ordre était alors bien florissant ; il se composait de cent dix-neuf religieuses professes et de trente novices et aspirantes, et il dirigeait vingt-sept établissements.

Mme de Méjanès, déjà réélue deux fois, espérait être déchargée du fardeau de sa dignité en 1823. L'élection fut reculée d'une année à cause de la vacance du siége épiscopal ; mais en 1824, le 17 octobre ; Mgr Besson, successeur de Mgr Jauffret, se rendit à la maison de la communauté pour présider l'assemblée générale des religieuses. A son entrée dans la salle, Mme de Méjanès se met à genoux et supplie l'évêque de vouloir bien agréer sa démission ; mais en même temps toutes les sœurs se prosternent aux pieds de Sa Grandeur, et l'une d'elles, membre du conseil, organe à la fois des présentes et des absentes, prie Monseigneur de ne pas accepter cette démission et de déclarer au contraire la révérende Mère supérieure générale pour toute sa vie. Ce vœu, dicté par l'attachement et la reconnaissance, était conforme aux plus chers intérêts de la congrégation. Mon-

seigneur s'y rendit avec empressement, et la supérieure, vivement touchée, dut se soumettre à la
volonté de Dieu si clairement manifestée.

Mme de Méjanès travaillait chaque jour à se
détacher de ce monde et à vivre d'une union plus
intime avec Dieu. Cette nomination, si peu prévue
par son humilité, détermina de nouveaux efforts et
de nouveaux progrès dans la voie de la perfection.
Elle redoubla de sévérité pour elle-même et d'in-
dulgence pour son prochain, examina sévèrement
sa vie passée, réforma les imperfections dont elle
crut s'apercevoir, et trouva dans les inspirations
de son zèle de nouveaux trésors de douceur et
d'affabilité à procurer à ses filles bien-aimées.

Les années ne portaient aucune atteinte à sa
prodigieuse activité ; elle pourvoyait à tous les
besoins, dirigeait son noviciat, exerçait une surveillance éclairée sur toutes ses maisons, fondait
de nouveaux établissements, et donnait à celui de
Metz les accroissements désirables. La construction
la plus agréable à son cœur fut celle d'une belle
chapelle destinée à remplacer, pour la maison-
mère, un oratoire trop petit et trop en désaccord
avec la sainteté de sa destination. Ce monument fut
inauguré peu de temps avant une visite de Madame
la Dauphine ; la profonde piété de cette auguste
princesse laissa d'impérissables souvenirs aux religieuses de Sainte-Chrétienne. Ni la révolution de
1830, ni les menaces du choléra, ni les séche-
resses spirituelles qui désolaient souvent son âme,

ne parvinrent à la troubler ou à diminuer sa
confiance inaltérable en la bonté de Dieu. Les
événements de Juillet l'affligèrent sans la décou-
rager ; elle écrivit à ses sœurs pour prévenir leurs
inquiétudes et consoler leur tristesse ; elle recommanda à chaque religieuse de rester à son poste ,
de s'abandonner à la Providence et de ne rien
craindre dès que Notre-Seigneur la protégeait.
Puis , quelques mois plus tard , et comme pour
témoigner sa confiance dans l'avenir de son œuvre,
elle publia les statuts et règlements de sa congrégation; c'était le fruit de ses veilles, de ses prières,
d'une expérience de vingt années , éclairée par les
conseils et les lumières de l'autorité ecclésiastique.

IV

Vertus de Madame de Méjanès.

Nous arrivons au terme de la carrière de Mme de Méjanès; mais avant de raconter son passage du temps à l'éternité, nous voulons contempler l'ensemble de cette vie si pure, et nous arrêter à quelques-unes des vertus dont la pratique réjouissait le Ciel et consolait la terre.

Sa foi, toujours vive, éclatait surtout dans sa dévotion pour le saint Sacrement. Dès son enfance, elle remarquait à l'église les places des personnes qui avaient communié, et allait s'y agenouiller après elles, heureuse de se prosterner et de prier là où était Notre-Seigneur quelques minutes auparavant. Il serait difficile de dire la joie dont son cœur fut comblé quand elle obtint, pour chacune de ses maisons, la présence perpétuelle de la divine Eucharistie. « Notre-Seigneur ne sera pas chez vous, écrivait-elle à ses sœurs en cette circonstance, vous serez chez lui, et vous vous tiendrez à ses pieds pour ne lui rien laisser à désirer. » Lorsqu'elle visitait ses fondations, sa première visite était pour la chapelle, « afin de saluer, disait-elle, *le Maître de la maison.* » En voyage, elle faisait une petite prière dès qu'elle apercevait le clocher d'une église.

A partir de 1830, les processions cessèrent de sortir dans les rues de la ville de Metz. Mme de Méjanès en obtint alors deux chaque année dans les jardins du couvent. Longtemps à l'avance elle travaillait avec ses religieuses à préparer les reposoirs et n'épargnait rien pour leur décoration. Pendant l'une de ces processions, des ouvriers occupés sur un toit voisin suspendirent leur travail et s'agenouillèrent sur l'échafaudage au moment de la bénédiction ; la révérende Mère s'en aperçut, et fut si touchée de cette pieuse manifestation, qu'elle eut peine à attendre la fin de la cérémonie pour féliciter ces braves gens et leur donner une petite gratification.

Son occupation favorite, pendant les récréations, consistait à préparer les ornements des autels. Un jour elle apprend que des religieuses de Metz manquent d'un ornement noir, et que leur pauvreté ne leur permet pas de se le procurer : aussitôt elle s'ingénie pour leur faire ce présent. Il fut déposé secrètement sur l'autel de leur chapelle, et jamais elles ne surent le nom de la bienfaitrice.

Quand il y avait des retraites ou des missions dans les paroisses, elle préparait les jeunes filles

au chant des cantiques, prêtait avec empressement les objets capables de rehausser la pompe
des cérémonies publiques, priait avec sa communauté pour le succès de ces exercices, blanchissait
le linge des prédicateurs, le raccommodait et le
remplaçait au besoin : absorbés par les devoirs de
l'apostolat, ils ne s'apercevaient pas de l'échange,
et se contentaient de dire : « Nulle part on ne
raccommode comme à Sainte-Chrétienne. »

Une foi vive inonde l'âme de lumières ; elle
l'éclaire sur ses devoirs, sur ses misères, et la dis-
pose merveilleusement à la pratique de l'humilité.
Aussi Mme de Méjanès était-elle profondément
humble. Quand on commençait son éloge devant
elle, elle ne permettait pas de le continuer.
« Prenez garde, disait-elle, à ses filles, on ne priera
pas pour moi après ma mort, et vous me priverez
ainsi du secours dont j'aurais grand besoin ; on me
croira au ciel, et on me laissera en purgatoire. »

Les vivacités qu'elle se reprochait auraient pu
souvent passer pour des actes de patience ; cependant, quand elle croyait avoir parlé trop vivement,
elle réparait sa faute par de touchantes excuses,
et sa parole laissait toujours dans le cœur une édi-
fiante impression.

Malade et déjà avancée en âge, elle passa une
nuit sans dormir, troublée par la crainte d'avoir
un peu trop grondé une de ses sœurs. Pour retrouver la paix et le sommeil, elle voulut appeler
cette sœur près de son lit et lui demander pardon.

D'après un usage adopté dans l'ordre de Sainte-Chrétienne, chaque religieuse prie une compagne de son choix de l'avertir de ses fautes, de lui donner des conseils et de devenir en quelque sorte son ange gardien. La révérende Mère ne pouvait obtenir ce service; elle le sollicitait toujours inutilement : on ne trouvait pas l'occasion de la reprendre. Elle finit par s'adresser à une pauvre sœur connue par son manque de tact et de jugement. Celle-ci rendit l'arriéré avec usure; elle reprenait Mme de Méjanès à tort et à travers, en particulier et devant toute la communauté. On ne tarda pas à crier à l'injustice; la supérieure prit le parti de sa conseillère et la supporta avec une inaltérable charité.

Son humilité l'empêcha longtemps de laisser faire son portrait. Un jeune artiste, introduit secrètement dans une réunion où elle devait passer plusieurs heures, avait exécuté un croquis assez ressemblant. Elle le sut, voulut voir cette ébauche et la déchira en mille morceaux. Plus tard, l'obéissance à son évêque l'obligea de poser devant un autre peintre; mais elle ne sut pas dissimuler son chagrin pendant la durée des séances : il se refléta sur ses traits; et l'artiste ne put pas reproduire la sérénité digne et gracieuse dont sa physionomie portait l'empreinte.

Depuis plusieurs jours, une sœur éprouvait les plus violentes douleurs de tête. La malade ne pouvait plus ni parler, ni dormir, ni rien avaler; ses

dents se serraient, on la croyait à toute extrémité.
La révérende Mère, agenouillée près du lit, se
met en prières avec ses filles; puis elle se relève
et touche doucement la tête de la pauvre sœur,
malgré les instances de l'infirmière qui redoutait
le moindre mouvement. Elle reconnaît déjà de
l'amélioration, recommence ses prières avec plus
de ferveur, s'approche de nouveau de sa chère
enfant et cette fois la trouve guérie! Le lendemain, à son réveil, elle demande des nouvelles :
la sœur était levée, et ne se souvenait de son mal
que pour bénir Dieu et exalter le crédit de sa mère
spirituelle; mais Mme de Méjanès ne voulut jamais
convenir de la part qu'elle avait eue dans cette
guérison.

La douceur n'était pas une vertu facile à cette
nature forte et énergique; cependant Mme de Méjanès était parvenue à la pratiquer dans toutes les
circonstances da sa vie. Elle était douce au milieu
de ces mille contrariétés qui se succèdent parfois
avec rapidité. « Ces peines, disait-elle, sont les
petits profits de la journée, et comme la monnaie
courante ménagée à notre faiblesse pour nous aider
à payer nos dettes.

Un jour, elle était allée visiter une de ses maisons, située dans les Ardennes; elle emportait avec
elle bon nombre de petits livres destinés à récom-
penser les enfants des écoles. Le cocher, pour
abréger le chemin, eut l'idée de franchir les fron-
tières et de traverser le territoire des Pays-Bas.

Les douaniers arrivent, se précipitent sur la voiture, crient à la contrebande, saisissent les livres, bouleversent les bagages! obligent à de nombreuses démarches et font perdre une journée. « Que pensez-vous de cette heure-ci? elle n'est pas très-agréable, dit la supérieure à sa compagne. — Elle passera comme une autre, » répondit la sœur formée à son école. Et leur calme ne se démentit pas dans les différentes phases de cet ennuyeux incident.

Il lui en coûtait souvent beaucoup pour réprimer son penchant à l'impatience. Comme on lui demandait pourquoi elle avait repris avec trop de ménagements une sœur coupable : « Ah ! répondit-elle, c'est que mon cœur était prêt à éclater ! »

Mme de Méjanès avait si bien demandé à Dieu l'amour de la pauvreté qu'elle avait obtenu la plénitude de cette grâce. Elle ne savait rien garder à son usage. A Sainte-Chrétienne, chaque religieuse possède un petit trousseau de linge de corps; quand un trousseau lui paraissait trop exigu , elle le complétait aux dépens du sien. Elle se dépouillait de ses vêtements les plus chauds en faveur des sœurs des classes ; à sa mort on ne trouva pas, à son usage, un costume complet pour l'ensevelir.

Elle laissait sans cesse éteindre son feu , de peur d'user trop de bois. « Tout ce que nous avons est à Jésus-Christ , disait-elle ; soyons de bonnes économes de ses biens. »

Ses meubles étaient très-simples, et cependant

elle trouvait encore, dans son mobilier, matière à sacrifice. Un saint prêtre, frère d'une religieuse de Sainte-Chrétienne, venait de mourir; Mme de Méjanès écrit à cette sœur pour la consoler, et ajoute : « J'ai admiré l'esprit de pauvreté de votre vénérable frère, et j'ai cherché à l'imiter en faisant disparaître de ma chambre un meuble qui m'a semblé trop élégant. »

Jamais le défaut de dot ne parut à Mme de Méjanès un motif suffisant de refuser l'entrée du noviciat; elle y admettait toutes les jeunes personnes qu'elle y croyait appelées, et elle accueillait avec une bonté exceptionnelle les parents des novices pauvres, afin de les dédommager en quelque sorte des privations de leur état. Quelques années après la réception gratuite d'une jeune sœur, sa famille, ayant recouvré un peu d'aisance, voulait offrir à la maison la dot de la religieuse; mais la supérieure s'y opposa. « On ne revient pas sur le passé, ajouta-t-elle, surtout quand il s'agit de choses faites avec tant de plaisir. »

Elle connaissait la puissance de la mortification pour dégager l'homme des sens, pour cimenter son union avec Dieu : sa fidélité à marcher en la présence du Seigneur s'associait à l'habitude de se mortifier en toutes choses. Elle commençait le carême quelques jours d'avance pour expier les scandales des jours gras; à la collation, elle faisait peser, pour sa part, une once et demie de pain : encore ne mangeait-elle pas entièrement cette faible portion

Quand elle était malade, elle tâchait de laisser ignorer ses souffrances pour échapper aux soins de ses religieuses, pour leur éviter des fatigues et des inquiétudes. Elle résistait à toutes les instances; elle ne consentait en sa faveur à aucun adoucissement à la règle. Un jour, elle avait demandé un verre d'eau à une jeune sœur qui avait eu l'attention de le sucrer. « Vous le boirez pour votre pénitence, lui dit la bonne Mère, et vous irez me chercher de l'eau pure. » On essayait quelquefois de lui faire accepter à ses repas une portion meilleure que les autres; mais elle la refusait toujours pour l'imposer à la sœur chargée du service. — Une jeune sœur débutait dans le service de la cuisine; elle avait laisse tomber des cendres dans un plat, craignait les plaisanteries et n'osait pas montrer cette maladresse à la communauté; elle vint en faire l'aveu à la révérende Mère, qui lui dit: « Mon enfant, ce sera ma part; vous me la donnerez, et personne ne la verra. » Comme la religieuse, confuse et touchée, essayait de se soustraire à cette décision : « Je le veux, » ajouta la supérieure avec une autorité qui commandait l'obéissance et ne permettait plus la discussion. Parvenue à un âge avancé, elle devait assister à une distribution de prix dans l'une de ses maisons de Metz. La supérieure de l'établissement lui avait envoyé un fiacre; elle refusa d'y monter et voulut faire la course à pied. « Ce serait une honte, dit-elle, si une fille de Sainte-Chrétienne montait en voiture pour faire une course dans la ville. »

La charité surpasse toutes les autres vertus ; elle doit occuper le premier rang dans une vie chrétienne : c'était bien la place que Mme de Méjanès lui avait assignée dans sa carrière de dévouement. Elle consacra son temps, ses efforts et ses plus grands sacrifices au succès de sa congrégation ; mais son amour du bien s'étendait à toutes les entreprises du zèle et aurait voulu subvenir à tous les besoins. Elle blâmait ces dévouements à vue courte qui refusent de secourir les autres œuvres dans la crainte de nuire à celle qu'ils ont entreprise. Elle portait un vif intérêt aux divers établissements religieux de la ville de Metz ; longtemps ils conserveront le souvenir de son active et délicate sympathie. Ce qu'elle fit en leur faveur est à peine vraisemblable. Mais ses abondantes aumônes n'appauvrissaient pas sa maison ; le Seigneur les voyait avec complaisance et les rendait avec usure. Elle s'efforçait de prévenir chez ses sœurs l'esprit d'exclusion, et ne manquait pas une occasion de les intéresser aux associations étrangères à Sainte-Chrétienne. Aux retraites annuelles de la communauté, elle faisait une quête pour les enfants pauvres de la Providence. Elle contribua, par un don de mille francs, à l'ouverture d'une classe de pénitentes dirigée par les sœurs du Bon-Pasteur. Quand la maison des prêtres auxiliaires fut fondée, elle leur procura un secours important en linge et en ornements d'église. Si elle savait une communauté dans l'indigence, elle en souffrait, cherchait à la secourir et y parvenait le plus souvent. Elle trouva moyen de subvenir aux frais d'éducation de plusieurs jeunes gens pauvres dont la vocation ecclésiastique était sérieuse et éprouvée. Elle donnait des honoraires à un médecin qu'elle chargeait de visiter bon nombre de pauvres honteux ; elle retirait beaucoup d'effets déposés au mont-de-piété, payait les loyers, habillait les enfants pauvres, et s'efforçait toujours de cacher la source de tant de bienfaits. Elle recommandait souvent à ses sœurs cette discrétion et ces précautions délicates dans la manière de faire le bien. « Quand vous verrez à vos classes des enfants bien pauvres, leur disait-elle, tâchez de les secourir ; mais donnez-leur en secret, et insistez pour que leur famille n'en parle pas. En hiver, promettez des fagots, à la condition que le père viendra les chercher le soir quand personne ne pourra le voir. »

Une faible rétribution scolaire était presque partout l'unique ressource des sœurs de Sainte-Chrétienne ; toutefois Mme de Méjanès voulait, dans toutes ses maisons, l'admission gratuite des enfants trop pauvres pour pouvoir acquitter ce petit tribut. Elle exhortait ses religieuses à aimer les enfants avec compassion et avec tendresse ; elle leur rappelait souvent combien la forme du dévouement ajoute de prix à sa valeur, et les engageait à chercher dans leur cœur le secret de gagner celui de leurs élèves. Ses exemples venaient merveilleusement à l'appui de ses leçons ; elle multipliait , au profit de tous, ses prévenances et ses affectueuses attentions. Aux enfants des classes de Metz , elle offrait des goûters dans le jardin de la communauté, et leur désignait des arbres dont elles pouvaient elles-mêmes cueillir les fruits. Aux maisons fondécs au dehors, elle envoyait des caisses remplies de joujoux et de bonbons.

La révérende Mère, si bonne pour les élèves , prodiguait aux maîtresses les témoignages de son affection. Elle réservait toujours aux malades sa plus vive compassion ; elle veillait aux indispositions les plus légères , allait souvent à l'infirmerie, soignait, pansait elle-même , refaisait les lits , tâchait de distraire et d'égayer. Elle avait peine à supporter le chagrin de ses filles ; et quand elle connaissait une tristesse , elle s'ingéniait pour lui procurer une consolation. Un jour elle avait annoncé à l'une de ses religieuses un changement qui devait lui faire beaucoup de peine. La sœur avait accepté la nouvelle sans manifester la moindre émotion ; mais la bonne Mère, devinant l'état intérieur de son âme , s'en inquiétait et redoutait pour sa santé les effets d'une trop grande contention. A dix heures du soir , elle envoya près de son lit pour savoir si elle dormait et lui porter un joli cadeau. — Une autre religieuse lui demandait quelques lignes de son écriture : elle prit alors une image du Sacré-Cœur et la lui donna après avoir écrit ces mots : « Aimez-moi comme je vous si aimé, en union au sacré Cœur de Jésus. »

Une sœur chargée des commissions craignait de n'avoir pas la force de continuer longtemps son office et s'en attristait. « Ne vous troublez pas, mon enfant, lui dit Mme de Méjanès, quand vous seriez impotente, j'aurais soin de vous ; je vous donnerais moi-même la becquée comme à un petit oiseau. » Un soir cette pauvre sœur arrive à la chapelle et n'y trouve pas de place ; la supérieure l'appelle et la fait asseoir sur son prie-Dieu ; puis, comme elle terminait une journée très-laborieuse, le sommeil la gagne, et elle s'endort, appuyée sur les genoux de Mme de Méjanès. On entonne le *Magnificat*, tout le monde se lève, la Mère reste assise pour ne pas troubler le repos de son enfant ; et quand celle-ci se réveille toute confuse, elle la console en lui assurant qu'après tant de fatigues ce sommeil involontaire n'est pas de nature à offenser Dieu.

Les vertus les plus opposées trouvaient leur place dans le noble cœur de Mme de Méjanès ; ainsi l'énergie et la fermeté s'y associaient à la tendresse et à la douceur. Elle s'inspirait de ces qualités, réunies dans son âme comme dans un faisceau, pour diriger sa communauté, qui avait reçu, à la fin de sa carrière, les plus heureux développements [1]. Elle excellait à préparer les novices aux

---

[1] La congrégation de Sainte-Chrétienne comptait alors 144 sœurs professes, 20 novices, et dirigeait 29 maisons dans les diocèses de Metz, de Reims et de Châlons.

devoirs de leur état ; elle réussissait à assouplir les caractères, et exigeait une grande perfection dans la manière de supporter le prochain. « Les caractères difficiles sont un trésor, disait-elle, pour les personnes appelées à vivre avec eux. Rien n'est plus profitable à une âme que de se tenir en paix au milieu des contradictions. »

Comme on lui demandait la réponse à faire à des calomnies répandues contre la congrégation, « Tenez vos oreilles et votre bouche fermées, dit-elle, et quand on parlera mal de vous, allez à la chapelle pour réciter un *Miserere*; le Seigneur se chargera du soin de nous défendre. Dites un *Pater* et un *Ave* pour les personnes qui vous contrarient, et ne laissez jamais le soleil se coucher sans vous remettre en paix avec celles auxquelles vous avez eu le malheur de causer quelque peine. »

V

Mort de Mme de Méjanès

Quand les épis jaunissent dans la vallée sous l'action d'une chaleur bienfaisante, la moisson est proche : quand une âme privilégiée, empressée de correspondre à la grâce, est parvenue en quelque sorte à la perfection de son état, elle est mûre pour le ciel, et on peut craindre son prochain départ de ce monde. Telle était la douloureuse épreuve dont la communauté de Sainte-Chrétienne était menacée depuis quelques années. Mais des enfants ne veulent jamais prévoir la mort d'une mère bien-aimée, et les filles de Mme de Méjanès espéraient toujours la conserver à la tête de sa nombreuse famille. Cependant la Providence leur avait envoyé en 1834 un premier avertissement. Après les fatigues accablantes de la retraite, Mme de Méjanès avait été frappée d'une attaque d'apoplexie, et sa guérison était restée fort incomplète ; elle avait conservé des assoupissements fréquents, des embarras de tête, une mémoire oblitérée. Elle offrit alors sa démission de supérieure générale ; Mgr Besson la refusa. En 1837, elle voulut faire sa retraite avant celle de ses religieuses, dans la crainte de manquer de liberté au milieu de ses sœurs, désireuses de recourir à ses conseils et à ses lumières. Pendant cette retraite générale, elle fut assez sérieusement souffrante et ne put assister à tous les exercices. Un jour elle dit aux supérieures réunies : « Je devrais mourir pendant que vous êtes ici ; je vous éviterais un second voyage pour l'élection d'une autre supérieure générale. » Le 29 septembre, jour de la clôture, elle assista à tous les offices et reçut l'obédience des religieuses ; mais le soir elle ressentit une excessive fatigue ; le lendemain elle ne se leva pas. Elle refusa de prendre aucune nourriture en disant : « Ma nourriture n'est plus de ce monde. » Puis elle racontait qu'elle était allée au ciel en procession avec saint Michel et son ange gardien. « Quel beau rêve ! s'écria-t-on. — Non, reprit-elle, ce n'est pas un rêve ! » Et la joie rayonnait sur son visage ; ses craintes étaient dissipées ; les scrupules, les inquiétudes de sa conscience timorée avaient disparu : il n'y avait plus de place dans son âme que pour la paix et l'abandon. Les religieuses allaient retourner dans leurs maisons ; en leur faisant ses adieux, elle ajoutait : « Nous ne nous verrons plus ici-bas ; mais ne pleurez pas, réjouissez-vous au contraire quand vous apprendrez ma mort. » Ce même jour elle fit des cadeaux à ses filles, à des dames de charité de la ville, et envoya un beau calice à une pauvre église : la nuit suivante, elle eut une nouvelle attaque. Cependant elle retrouva ses facultés, reçut avec ferveur le saint viatique et l'extrême-onction ; puis elle recommanda de nouveau à ses sœurs d'avoir un grand amour pour la congrégation. Monseigneur permit l'exposition du très-saint Sacrement dans la chapelle de la communauté ; et là, toutes les religieuses, prosternées aux pieds de Notre-Seigneur, demandèrent avec instances la vie du temps pour leur vénérable Mère. Dieu l'avait jugée digne de recevoir sa récompense ; il lui donna la vie de l'éternité ! Pendant plusieurs jours, Mme de Méjanès resta dans un assoupissement presque continuel. Elle se réveillait quelquefois avec de saintes paroles adressées à Dieu et à son entourage. — Sa langue finit par se paralyser, elle essaya de parler, et on comprit à ses efforts qu'elle voulait recommander à ses filles le zèle de la charité. Le 2 octobre 1837, elle mourut, confiante et heureuse, à l'âge de soixante-quatorze ans, et après trente années de vie religieuse.

A la nouvelle de ce malheur, Mgr l'évêque se rendit à la maison de Sainte-Chrétienne, réunit les religieuses, leur parla des éminentes vertus de la révérende Mère, et s'associa à leurs regrets, à leurs prières et à leurs immortelles espérances.

On revêtit le corps inanimé de Mme de Méjanès de ses habits de religion ; on suspendit à son cou la croix de vermeil ; on déposa dans ses mains le livre de constitution , et on admit la foule à contempler une dernière fois ses restes vénérés. Ses traits avaient conservé l'empreinte de la douceur et de la sérénité. Les sœurs, les pauvres, la population tout entière se pressait dans cette maison désolée. Ses reliques semblaient déjà celles d'une sainte ; on les baisait avec respect, et on en approchait avec piété des chapelets, des livres, des images. D'après une règle inscrite dans le coutumier, à la mort d'une supérieure générale , les sœurs présentes doivent jeter de l'eau bénite sur son corps en disant : « Adieu, notre très-révérende Mère ; heureux le jour où nous aurons le bonheur de nous revoir dans le Seigneur, en qui nous sommes maintenant et à jamais un seul esprit et un seul cœur. » Quand les pauvres sœurs vinrent accomplir cette cérémonie , les larmes inondèrent leur visages, et les sanglots étouffèrent leur voix.

Le 5 octobre suivant , le service funèbre fut célébré dans la chapelle de Sainte-Chrétienne ; puis le cercueil fut déposé par les sœurs sur le corbillard destiné à le transporter à Argancy. Les orphelines de la Providence, deux cents enfants des classes, vêtus de blancs ; les tourières des maisons religieuses cloîtrées, les filles de Charité, les sœurs de Sainte-Chrétienne , et de nombreux représentants des divers classes de la société, formaient un imposant cortége ; quatre supérieures d'ordre établis à Metz tenaient les coins du drap

mortuaire et acquittaient ainsi une dette de reconnaissance. Le supérieur de la congrégation de
Sainte - Chrétienne, vicaire-général du diocèse,
remit les précieux restes au curé de la paroisse.
Mais avant de les déposer dans le cimetière, ils
voulurent l'un et l'autre, par des paroles bien sen-
ties, payer un juste tribut d'honneur et de louanges
à cette généreuse servante de Jésus-Christ. Ce fut
un double panégyrique, plein d'éloquence dans
sa simplicité ; c'était l'expression du sentiment général, l'interprète de la douleur publique ; c'était
aussi comme un écho de la sentence de miséricorde
prononcée au ciel par le souverain Juge.

—◦◦⊰ FIN ⊱◦—

TABLE

— LILLE. TYP. L. LEFORT. M D CCC LXVI —